MEDITACIONES MATINALES

Comenzando tu día con propósito, pasión y poder

NICOLE S. MASON

authorHOUSE®

AuthorHouse™
1663 Liberty Drive
Bloomington, IN 47403
www.authorhouse.com
Teléfono: 1 (800) 839-8640

Publicada por AuthorHouse 09/06/2016

ISBN: 978-1-5246-3822-1 (tapa blanda)
ISBN: 978-1-5246-3820-7 (tapa dura)
ISBN: 978-1-5246-3821-4 (libro electrónico)

Numero de la Libreria del Congreso: 2016914674

Información sobre impresión disponible en la última página.

Para

*Mi madre, Georgia Mae Haile, por
verter tu vida en mí y enseñarme a
PRESENTARME ¡DE FORMA GRANDIOSA!*

Alabanzas para Meditaciones Matinales

¡Normativas, formativas, directivas, penetrantes y necesarias! Esta sería mi descripción de Meditaciones Matinales por Elder Nicole Mason. La vida está llena de dificultades, retos, decepciones y reveses. El mundo necesita esperanza, y tú puedes encontrar algo de ella en Meditaciones Matinales. Se trata de una dosis de inspiración y aliento, diaria, semanal, mensual y, hasta a veces por hora. Todos necesitamos un ejemplar de este libro en nuestra mesa de noche, en nuestro bolso, en nuestro casillero del gimnasio, en nuestro portafolio, en el encimera de la cocina, en nuestro escritorio, y en nuestro coche porque en cualquier momento del transcurrir de la vida necesitamos ser alentados. Meditaciones Matinales está escrito para que puedas conectarte y ver tu situación en las páginas y en las palabras; te permite conocer que no estás solo; te dice lo que "Dice el Señor" en las Escrituras; y, finalmente te motiva a MOVERTE y actuar en consecuencia. Este no es un libro de los que se quedan en el librero. Es un libro que debes tener a la mano todo el tiempo y al alcance ¡cuando la vida simplemente sucede!

Darlene V. Floyd

¡Esto es excelente! Mi alma aún está saltando. Esto es lo que se necesita en el Cuerpo de Cristo - ¡sencillo, práctico y al grano!

Ministra Beverly S. Lucas

Los mensajes inspiradores diarios de Elder Nicole Mason a través de los años me han ayudado a convertirme en la Mujer Espiritual que soy hoy. Hace cerca de diez años, Elder Nicole solía enviar un boletín edificante llamado SISTERGRAM. Después, comenzó a enviar mensajes por correo electrónico. Sin importar que tan mal día hubiera estado teniendo, el sólo abrir un mensaje o correo electrónico de uno de los mensajes inspiradores de Elder Nicole, hacía que todo diera un giro completo para mí. Sus mensajes no sólo eran del tipo "alimento para el pensamiento", sus mensajes invitaban a la acción. A través de SISTERGRAM, Elder Nicole, nos retó a buscar en nuestro interior nuestro Propósito en la Vida, de ser lo que Dios nos hizo ser.

Espero seguir leyendo los mensajes inspiradores que refuerzan la Palabra de Dios que Elder Nicole continúa enviando a través de Facebook, Instagram, y Twitter, mucho después de que el Servicio en la Iglesia haya terminado. Le deseo mucho éxito a esta Mujer Ungida de Dios en todos sus proyectos futuros.

Melinda Robertson

Autora

www.melindarobertson.com

Las Meditaciones Matinales de Elder Nicole son refrescantemente inspiradoras. Localizadas en pensamientos y sabiduría del corazón del Padre, que nos afectan y en cómo lograr nuestro buen éxito a lo largo de este camino Cristiano. ¡Su gran corazón ofrece el amor de Dios y el estímulo que activa, enciende, empuja y nos anima en todas y cada una de sus publicaciones! En realidad son una bendición diaria y justamente el fuego que necesito para continuar.

Evangelista Leslie A. Nutter

¡Tu libro es otro testimonio del gran trabajo de Dios en todos nosotros!

Kimberly K. Parker

Educadora, Oradora y Autora Internacional

www.kimberlykparker.com

RECONOCIMIENTOS

A mi esposo – Sean Paul Mason, ¡SIMPLEMENTE ERES EL MEJOR! ¡Gracias por ser mi más grande admirador y la primer persona en apoyarme!!! ¡Verdaderamente le agradezco a Dios que te haya permitido encontrarme! ¡TE AMO!

A mis pastores – Arzobispo Alfred A. Owens, Jr., y mi Co-pastora, Dr. Susie C. Owens, ustedes han sido una fuente de inspiración extraordinaria para mi familia y para mí. ¡Le agradezco al Dios por conectar nuestros corazones y nuestras vidas!

A mi equipo editorial – Darlene Floyd, Ministra Beverly Lucas. Kimberly Parker, Ministra Angela Thornton – ¡TODOS USTEDES SON LO MÁXIMO! Gracias por tomarse el tiempo de revisar mi manuscrito y proporcionarme sus significativos comentarios. ¡Les aprecio a cada una de ustedes!

A Cheryl Wood – Thee Cheryl Wood, como llamo con afecto a mi querida hermana - ¡Eres un espíritu increíble! Te agradezco por tomarte el tiempo para leer mi manuscrito, en medio de TODO lo que demás que haces y por haberme escrito gentilmente el prólogo. ¡Le doy gracias a Dios por tu autenticidad y tu amor y apoyo fraterno!

A mis hermanas – Darlene Floyd, Ministra Beverly Lucas, Evangelista Leslie Nutter, Debbie Andrews, Kathy Mitchell, Rev. Dr. Jane Caulton, Ministra Pamela Carter, Anita Allen, Melinda Robertson, Diácona Sabrina Taylor-Alston, Primera Dama Terry Henson y Kimberly Parker – Gracias a todas ustedes por tomarse el tiempo para proporcionarme sus comentarios sobre cómo mi amor por Dios y Su Palabra ¡han impactado sus vidas!

NOTA PARA EL LECTOR

Tú eres la razón por la que escribo - para lograr impactar tu vida, motivar tu corazón, levantar tu espíritu y para compartir el poder del amor de Dios por ti, contigo. Gracias por darme la oportunidad de compartir contigo el tiempo y espacio.

TABLA DE CONTENIDO

● ●

PRÓLOGO

Meditaciones Matinales – Comenzado tu Día con Propósito, Pasión y Poder, es una obra maestra inspiradora, refrescante y provocadora del pensamiento escrita por una dinámica Mujer de Dios, Nicole S. Mason. Casi no podía quitar mis ojos de cada una de las páginas conforme las palabras escritas van sirviendo de un fuerte recordatorio de que nuestros pensamientos diarios tienen el poder de dictar nuestras acciones diarias e impulsarnos hacia delante, o bien, mantenernos estancados en nuestras vidas.

Meditaciones Matinales es la "leña al fuego" que promete dinamizarte y equiparte para despertar la grandeza que yace latente dentro de ti. Conforme vas dando la vuelta a cada página, se te animará a elevarte más allá de los reveses temporales, las circunstancias negativas y los cambios de vida inesperados que amenazan con robar tu alegría en la vida. Cada meditación te asegura transformarte en lo que eres en el centro de tu espíritu a medida que te llenas de esperanza en momentos en que te sientes golpeado y maltratado por la vida. Y, aun en tiempos de la luz, las meditaciones contenidas en este libro servirán como recordatorio constante de que las palabras positivas, creencias y afirmaciones, ¡son una parte de tu viaje mental diario para convertirte en la mejor versión de ti!

Si eres una persona que está comprometida a vivir con intención y a cumplir con su propósito en la vida, este libro encenderá tu alma con la confirmación necesaria de que eres suficiente y que no hay necesidad de buscar validaciones y permisos externos. Si ya terminaste tu juego insignificante y estás listo para ampliar tu expectativas y jugar a lo grande, Meditaciones Matinales es justo lo que necesitas para crear un cambio dramático en aquello hacia lo que te diriges y qué tan rápido vas a llegar. El poderoso contenido dentro de este libro, destaca la importancia de dominar tus pensamientos, tus palabras y tu forma de pensar para poder dominar tu vida.

Como Impulsadora Internacional de Empoderamiento Global, Oradora y Coach, es mi misión empoderar y equipar a las mujeres en su camino a la grandeza sin disculpas ni reproches, y apoyarlas para transformar sus vidas a nivel mundial. Meditaciones Matinales es una poderosa reflexión y extensión de esta misión. Meditaciones Matinales te equipará para que "poseas" tu voz, en lugar de continuar presionando el botón de silencio en tu voz disminuyendo el valor de tu historia, tus mensajes, tus dones y tus talentos. Las palabras reafirmadoras en este libro servirán como recordatorio mental diario de que tienes lo que necesitas para reclamar el poder sobre tu pasado, asumir el mando de tu realidad actual y determinar tu futuro. Te activarás para nutrir tus posibilidades, inmovilizar tus temores y eliminar todas tus creencias de auto sabotaje.

Conforme permitas que los pensamientos poderosos dentro de este libro, resuenen en tu espíritu, recuerda que nada, excepto tú, tiene el poder de impedirte cumplir tu grandeza en la vida. Asegúrate de llevar siempre en tu bolso, portafolio o tener en tu librero Meditaciones Matinales como un recurso valioso y relevante que te pedirá que tomes acciones que son consistentes con tus deseos. ¡Ahora es tiempo de dar de sí y encumbrarte!

Cheryl Wood
Impulsadora Internacional de Empoderamiento
Global, Oradora y Coach
www.CherylWoodEmpowers.com

REFLEXIONES INICIALES

La Co-pastora Susie Owens convocó a una vigilia de oración de mujeres donde nos unimos a orar por una hora cada día por cerca de seis semanas. Fue durante ese periodo que descubrí la Meditación Matinal de Elder Nicole Mason. No recuerdo el tema exacto, pero recuerdo que ella lo publicó en Facebook a las 3:00 a.m., cerca de tres horas antes de que yo despertara. Una cosa es estar despierta rezando a esa hora de la mañana, y otra muy diferente estar tan en sintonía con el Espíritu Santo para publicar la Palabra para darle ánimo a otros. ¡Este ánimo es el poder de sus Meditaciones Matinales!

Si sabes algo de esta fenomenal Mujer de Dios, sabrás que no tiene tiempo para las tonterías. Elder Nicole es seria cuando se trata de Dios y de todas las cosas que a Él le pertenecen y no sufre levemente de infracciones de santidad. Sus escritos, sin embargo, retratan un corazón sensible y compasivo, que la inspiran a compartir con sus lectores la Palabra de sabiduría o la Palabra de conocimiento. He sido elevada a través de sus recordatorios sobre que Dios ama a Sus hijos, que Él labrará el camino para ellos, y que sí, yo también soy alguien por quien Él se preocupa en gran medida.

Un abogado al igual que una mujer del clero, comparte con sus lectores pedacitos de sus preocupaciones sociales y políticas. No puedo dejar de estar inspirada por su espíritu tenaz y su actitud de ir-tras-eso que transmite en sus Meditaciones Matinales. Yo sé que ella es muy capaz de cumplir con lo que Dios le ha asignado – y si ella puede, ¡entonces estoy segura de que yo también! En una reciente publicación, Elder Nicole compartió su herencia familiar. Conforme comenta las bendiciones de estar consciente de su historia familiar como una clave para aceptar la Historia Afroamericana, recordé las contribuciones de mi propia ascendencia en mi vida. Y conforme ella derramó lágrimas (palpables en sus escritos), ¡yo también! Sólo una mujer espiritual como ella, puede entender el impacto de nuestros antepasados en nuestro destino personal.

Cuando la vida me saca fuera de lugar, las Meditaciones Matinales de Elder Nicole Mason son el lugar a donde puedo acudir por ayuda para volver a colocarme en mi lugar. Hermana, sigue escribiendo. El Señor hace uso de ti en todo lo que haces.

Rev. Dr. Jane Caulton

INTRODUCCIÓN

●●●●●●●●●●●●●●●●●●●●●●●●●●●●●

¡Es increíble! Me siento tan honrada de que el Espíritu del Señor haya permitido que nuestros caminos se cruzaran en este momento de tu vida. Verás, no creo que nada suceda por coincidencia, sino que todo sucede gracias a la divina providencia. Tengo la confianza de que al momento de escribir este libro, Día de Acción de Gracias del 2014, Dios te tenía A TI en mente, cuando me dio las palabras para escribirlo.

Déjame contarte un poco acerca de mi, de modo que tu corazón se abra y tu alma esté lista para recibir y aceptar con los brazos abiertos lo que he escrito en el resto de este libro. Durante los últimos 9 años esta época del año ha sido especialmente difícil para mi. Mi madre se quedó dormida el 1 de noviembre del 2005, y no despertó nunca más. Murió mientras dormía a la edad de 57 años. Mi abuela murió el 19 de noviembre del 2005, después de una larga batalla contra la demencia. Ella tenía 81 años de edad. Fui hija única y nieta única, y en esa época tenía

8 meses de embarazo. No hace falta decir, que yo estaba ¡DEVASTADA! No te estoy contando esto para que sientas pena o lástima por mí. ¡Ay no! Te lo cuento para animarte a que te mantengas de pie en cualquier dificultad o situación trágica a la que te puedas haber enfrentado o te estés enfrentando. ¡PODRÁS LOGRARLO! Yo lo hice y estoy escribiendo para ayudarte a ganar fuerzas y fortaleza para sostenerte ahí, hasta que nuevamente te sientas bien. Confía en mí, con la ayuda de Dios, y en su debido tiempo, no sólo te sentirás mejor, ¡sino que también ayudarás a otros a navegar por los problemas de la vida!

De modo que vamos a comenzar con nuestras meditaciones diarias. Me gusta comenzar mi día con un pensamiento meditabundo que me ayude a enfocar mi energía para el día. Sin embargo, no importa cuando sea que lo leas, ya que cuando lo hagas, será el momento apropiado.

ERES UN GANADOR

¡Todos hemos sido creados para ganar! La Biblia nos dice que fuimos creados a imagen y semejanza de Dios. Esto simplemente significa que todos tenemos un poder divino dentro de nosotros. Cuando entendemos Y aceptamos esta verdad, nos convertimos en una fuerza a tomar en cuenta. En este caso, en cualquier cosa que hagas en la vida, que esté en tu vida por la voluntad de Dios, ¡GANARÁS!

Ahora, tengo que decir aquí que este pensamiento meditabundo no significa que nunca fallarás. No, NO estoy diciendo eso en lo absoluto, sino que estoy diciendo lo siguiente, aún cuando falles, estarás ganando. Cualquier persona que es un ganador en cualquier cosa te dirá que hubo fallas a lo largo del camino. La diferencia entre el ganador y el que fracasa, ¡es que el ganador nunca se da por vencido!

Con esto en mente, NUNCA puedes tener miedo de fallar, porque en el fracaso existen lecciones valiosas que no solo causarán que ganes, sino que la victoria será mucho más dulce.

CITAS BÍBLICAS PARA MEDITAR

Génesis 1:27-28

Creó, pues, Dios al hombre a su imagen; a imagen de Dios lo creó; hombre y mujer los creó. Dios los bendijo...

Romanos 8:37

Más bien, en todas estas cosas somos más que vencedores por medio de aquel que nos amó.

ESCRIBE AQUÍ TUS PENSAMIENTOS DE MEDITACIÓN

TU NOMBRE ES REALMENTE VICTORIA

La victoria en la vida se aprecia diferente para cada uno. La victoria a la que me refiero aquí, es la victoria más grande de todas, y es la victoria en tu mente. Verás, la mente es la mejor computadora de este lado del cielo. Opera en base a la información que se le da. Si uno llena la computadora con información positiva, producirá información positiva. Si la computadora es abrumada con información negativa, eventualmente no operará a su máxima capacidad y contraerá toda clase de virus, y en algún momento, dejará de trabajar por completo.

Y así sucede con nosotros. Si no somos cuidadosos, la mente victoriosa que se nos ha dado estará invalidada con virus, provocando que operemos por debajo de nuestro privilegio dado por Dios y eventualmente nos destruiremos a nosotros mismos. Pero cuando somos conscientes de los numerosos virus, tenemos la capacidad de luchar en contra de ellos con un "software antivirus".

Para ti y para mi, el software antivirus que nos ayuda a permanecer en modo victorioso es la Palabra de Dios, la oración y la meditación, la lectura de libros como este, rodearnos de las personas adecuadas, mantenernos lejos de las situaciones y personas negativas y constantemente encontrar el aspecto positivo en cada situación. Aún si es la más negativa de las situaciones, siempre hay algo positivo. Puede ser solamente el hecho de que todavía estás aquí. Puede ser el hecho de que hayas perdido algunas cosas, pero no todo. Puedes ser el hecho de que tu amado haya muerto, pero ya no sigue sufriendo. Debemos saber con toda seguridad que incluso de cara a las dificultades y en los tiempos difíciles, ¡somos victoriosos! Y sí, la victoria es realmente tu nombre y si es tu nombre, significa que la victoria está contigo ¡por siempre y para siempre!

CITAS BÍBLICAS PARA MEDITAR

2 Corintios 2:14

Pero gracias a Dios que hace que siempre triunfemos en Cristo y que manifiesta en todo lugar el olor de su conocimiento por medio de nosotros.

ESCRIBE AQUÍ TUS PENSAMIENTOS DE MEDITACIÓN

ERES GRANDEZA EN MOVIMIENTO

Debido a que ya sabes y has aceptado los hechos de que eres un ganador y el de que la victoria es tu nombre, entonces puedes fluir con el pensamiento meditabundo de hoy - ¡ERES GRANDEZA EN MOVIMIENTO! Esto significa sencillamente que donde quiera que estés, la grandeza ha impactado el ambiente. Tienes el poder de cambiar un entorno. Muchas personas en el mundo permiten que el entorno sea quien las cambie. Sostengo que este es el caso, simplemente porque no han comprendido y aceptado su realidad dada por Dios – de que son grandes.

Permíteme ser clara en este punto, esto no nos da derecho a ninguno de nosotros de ser arrogantes. No, sino que realmente debería de provocar que fuéramos más humildes en nuestras relaciones e interacciones con las personas. La grandeza no tiene qué presumir. No tiene por qué abusar de su poder. No tiene que obligar a los demás a la sumisión. No, la grandeza no tiene que luchar para posicionarse. ¡La grandeza entiende que SIMPLEMENTE ES!

CITAS BÍBLICAS PARA MEDITAR

Salmos 8:4-6

¿Qué es el hombre, para que de él te acuerdes; y el hijo de hombre, para que lo visites?. Lo has hecho un poco menor que los ángeles, y lo has coronado de gloria y de esplendor. Le has hecho señorear sobre las obras de tus manos; todo lo has puesto debajo de sus pies...

ESCRIBE AQUÍ TUS PENSAMIENTOS DE MEDITACIÓN

LA VIDA ES CÓMO TÚ LA HAGAS

Es importante notar que todos tenemos opciones. Podemos utilizar el poder que se nos ha dado, o podemos dejar que el poder permanezca dormido. La vida es como un cartucho de dinamita. No puedes conocer su poder a menos que la enciendas. Eres responsable de encontrar lo que te enciende en este mundo. Si eres como yo, es la lectura, la escritura y la conversación. Tal vez te guste cocinar o coser, tal vez te guste la planificación y la organización de eventos. Lo que sea que encienda la pasión en ti para involucrarte en tu propia vida, hay que hacerlo. Nadie puede hacerlo por ti. Dios diseñó a cada uno de nosotros para ser el personaje principal de nuestra propia vida. Permanecer en el fondo no lo va a hacer, y yo creo que es una bofetada en la cara de Dios, ¡cuando no intensificamos vivir nuestra mejor vida!

CITAS BÍBLICAS PARA MEDITAR

Salmos 139:13-17

Porque tú formaste mis entrañas; me entretejiste en el vientre de mi madre. Te doy gracias, porque has hecho maravillas. Maravillosas son tus obras, y mi alma lo sabe muy bien. No fueron encubiertos de ti mis huesos a pesar de que fui hecho en lo oculto y entretejido en lo profundo de la tierra. Tus ojos vieron mi embrión y en tu libro estaba escrito todo aquello que a su tiempo fue formado, sin faltar nada de ello. ¡Cuán preciosos me son, oh Dios, tus pensamientos ¡Cuán grande es la suma de ellos!

ESCRIBE AQUÍ TUS PENSAMIENTOS DE MEDITACIÓN

EL TRIUNFO ES TU DERECHO DE NACIMIENTO

El derecho de nacimiento es algo a lo que uno tiene derecho por el solo hecho de nacer. Todos tenemos varios derechos de nacimiento, pero tendemos a enfocarnos en los negativos en nuestras vidas y no en lo que está detrás de los escombros que la vida ha arrojado sobre nosotros. Sé que puedes sentir como que "no puedes darte un respiro", pero ahí es en donde reside el problema. Nunca fuiste creado para darte un respiro, ¡fuiste creado para "crear ese respiro" tu mismo! Cada respuesta a cada problema y asunto en tu vida está dentro de ti. ¡Recuerda que tienes el poder divino dentro de ti! Siéntate y escribe cuáles son los problemas inmediatos, y después ESCUCHA para oír las estrategias de triunfo Dios te provee para "crear el respiro" y seguir adelante. Aquí es en donde pones a trabajar tu fe. La fe es simplemente lo que tú crees. Para poder triunfar, primero debes CREER. Luego, tienes que hacer algo acerca de tu situación. ¡Es tu derecho de nacimiento triunfar y levantarte!

CITAS BÍBLICAS PARA MEDITAR

Génesis 2:7

Entonces el Señor Dios formó al hombre del polvo de la tierra. Sopló en su nariz aliento de vida, y el hombre llegó a ser un ser viviente.

Santiago 2:17

Así también la fe, si no tiene obras, está muerta en sí misma.

ESCRIBE AQUÍ TUS PENSAMIENTOS DE MEDITACIÓN

EL PODER DEL SILENCIO

Ahora sé que el viejo dicho, "el silencio es oro", es realmente verdad. Más batallas se han ganado en silencio que con meras palabras. Piensa en ello, ¿qué es lo que realmente sucede entre dos personas cuando una de ellas está totalmente en silencio? O bien, la confrontación termina, o la persona que sigue hablando comienza a verse francamente tonta después de un rato. Tienes que aprender a realmente dejar que Dios pelee tus batallas. No tienes que defenderte a ti mismo a cada paso. ¡Absolutamente no! El silencio trae la paz, si sólo paz interna, cuando se practica y ejercita regular y consistentemente.

Recuerdo a mi madre enseñándome una valiosa lección cuando era niña. Por supuesto que no lo entendí entonces, pero ahora lo entiendo totalmente. Me dijo que si mantuviera la boca cerrada durante una confrontación, mi oponente no podría saber lo que estaba pensando o planeando. Me dijo que no hiciera "mucho ruido y pocas nueces". En otras palabras, que no fuera "ese perro que ladra y no muerde".

Ahora sé que mi madre sabía perfectamente de lo que hablaba. Sé que has oído que el "silencio es oro", de modo que ponlo en práctica y observa la paz que ganas al quedarte en silencio y confiar en que Dios peleará tus batallas.

CITAS BÍBLICAS PARA MEDITAR

2 Crónicas 20:15

Oigan, todo Judá y habitantes de Jerusalén, y tú, oh rey Josafat, así les ha dicho el SEÑOR: 'No teman ni desmayen delante de esta multitud tan grande, porque la batalla no será suya, sino de Dios.

ESCRIBE AQUÍ TUS PENSAMIENTOS DE MEDITACIÓN

EL TIEMPO SIEMPRE REVELA LA VERDAD

Hay ciertas circunstancias y situaciones en nuestras vidas en las que sólo el tiempo traerá una solución completa y total. Es por esto que debemos aprender y practicar el arte del silencio, porque a su debido tiempo, se dará a conocer la verdad. Lo interesante de esto es que hay que estar bien con no ser capaz de ver el resultado final, pero hay que creer que no habrá resolución.

El gran ejemplo de esta verdad es nuestro Señor y Salvador, Jesucristo. Muchos no creyeron en Él o creen en Él, pero a su debido tiempo, la palabra ha dado a conocer que Él fue exactamente quien Él dijo que era. Así que no te preocupes si la gente no cree en ti. ¡Deja que tu vida hable por ti!

CITAS BÍBLICAS PARA MEDITAR

Mateo 16:15-17

Les dijo, Pero ustedes, ¿quién dicen que soy yo? Respondió Simón Pedro y dijo, ¡Tú eres el Cristo, el Hijo del Dios viviente! Entonces Jesús respondió y le dijo, Bienaventurado eres, Simón hijo de Jonás, porque no te lo reveló carne ni sangre, sino mi Padre que está en los cielos.

ESCRIBE AQUÍ TUS PENSAMIENTOS DE MEDITACIÓN

RÍETE DE QUIENES TE ODIAN

● ●

En esta vida, ¡siempre habrá personas que odian! En otras palabras, personas que no quieren que triunfes. El ímpetu para esta energía sucede por una variedad de razones: la autoestima de las personas que odian o la falta de ella, las personas que odian quieren hacer lo que tú haces, y para la mayoría de las personas que odian, es simplemente envidia. Mi madre solía advertime acerca del "monstruo de los ojos verdes", incluso entre nuestra propia familia.

La realidad es que todos tenemos gente que nos odia. Ya sea que estés haciendo algo positivo o no. Y ya que existen en ambas circunstancias, puedes hacer que también sea con intención ¡el convertirte en un éxito abrumador!

CITAS BÍBLICAS PARA MEDITAR

Isaías 54:17

No prosperará ninguna herramienta que sea fabricada contra ti. Tú condenarás toda lengua que se levante contra ti en el juicio. Esta es la heredad de los siervos del SEÑOR, y su vindicación de parte mía", dice el SEÑOR.

ESCRIBE AQUÍ TUS PENSAMIENTOS DE MEDITACIÓN

USA TU ENERGÍA SABIAMENTE

En esta vida Dios nos envía a la tierra con una cantidad específica de tiempo y energía para cumplir con su tarea divina. Todos nosotros debemos elegir ahora cómo vamos a utilizar ese tiempo y energía. Ya sea que lo usemos sabiamente para buscar y perseguir objetivos, o bien podemos usarlo de forma negativa en asuntos, situaciones, circunstancias y personas que no nos acercan a nuestro destino divino.

¿Alguna vez has pensado acera de cuánta energía toma discutir con alguien o dedicarse al chisme o al drama? Cada cosa que hacemos requiere tiempo y energía y ya que no sabemos cuánto tiempo tenemos para llevar a cabo nuestras tareas divinas aquí en la tierra, sería conveniente usar sabiamente esa energía dada.

CITAS BÍBLICAS PARA MEDITAR

Proverbios 4:7-9

¡Sabiduría ante todo! ¡Adquiere sabiduría! Y antes que toda posesión, adquiere entendimiento. Apréciala y ella te levantará; y cuando la hayas abrazado, te honrará. Diadema de gracia dará a tu cabeza; corona de hermosura te otorgará.

ESCRIBE AQUÍ TUS PENSAMIENTOS DE MEDITACIÓN

HABLA SOBRE TU PROPIA VIDA

Hay poder en las palabras que decimos. Es importante alinear nuestras palabras con nuestros pensamientos y con lo que tenemos en nuestro corazón. A esto le llamo estar alineados. La mayoría de nosotros hemos experimentado la desconexión que ocurre cuando lo que decimos o lo que sentimos NO COINCIDE con lo que pensamos. Estar haciendo esto durante un largo periodo de tiempo puede hacer que niegues tu verdadera autenticidad. Debes aprender a hablar de tus verdaderos pensamientos sobre tu propia vida. Hablar de lo que hay en tu corazón. ¡Eres inteligente! ¡Eres bello! ¡Eres exitoso!

Escucha, deja de ensayar la historia que alguien más tiene sobre ti. Habla de tu propia historia y continua haciéndolo hasta que se convierta en tu realidad, ¡hasta que estés completamente alineado!

CITAS BÍBLICAS PARA MEDITAR

Proverbios 23:7a

Porque cual es su pensamiento en su mente, tal es él.

Proverbios 18:21

La muerte y la vida están en el poder de la lengua, y los que gustan usarla comerán de su fruto.

ESCRIBE AQUÍ TUS PENSAMIENTOS DE MEDITACIÓN

PIENSA EN GRANDE

¡No desperdicies tus grandes pensamientos en cosas pequeñas y gente pequeña! Todos tenemos la capacidad de pensar en grande, con visiones vastas e ideas ingeniosas. Pero desafortunadamente, si no tenemos cuidado, todos podemos sumirnos en cosas pequeñas y gente pequeña. La mayoría de las veces, si vas a funcionar en la "grandeza" que se te ha dado, debes ser lo suficientemente inteligente y valiente para ir contra la corriente – DEJA EL STATUS QUO – y ¡ÁRMALA EN GRANDE!

CITAS BÍBLICAS PARA MEDITAR

Proverbios 4:23

Sobre toda cosa guardada, guarda tu corazón; porque de él emana la vida.

ESCRIBE AQUÍ TUS PENSAMIENTOS DE MEDITACIÓN

PARTICIPA EN TU PROPIA SANACIÓN

Nunca debemos dejar nuestra sanación a otros. Debemos involucrarnos en el proceso. Sanar incluye asistir a las citas con el doctor, tomar las medicinas prescritas y aplicar nuestra FE a lo largo de todo el proceso. Además, debemos ser diligentes y vigilantes al cuidar de nuestros cuerpos haciendo ejercicio, comiendo una dieta nutritiva, absteniéndonos de sustancias que no son buenas para nosotros (i.e., drogas, alcohol, nicotina, etc.), bebiendo mucha agua y teniendo el descanso adecuado. Debemos tomar muy en serio nuestra salud. No podemos cumplir con nuestras metas si estamos enfermos. La realidad es que participas en tu sanación al ¡HACER TU PARTE!

CITAS BÍBLICAS PARA MEDITAR

Isaías 53:5

Pero él fue herido por nuestras transgresiones, molido por nuestros pecados. El castigo que nos trajo paz fue sobre él, y por sus heridas fuimos nosotros sanados.

1 Corintios 6:19a

¿O no saben que su cuerpo es templo del Espíritu Santo, que mora en ustedes, el cual tienen de Dios, y que no son de ustedes?

ESCRIBE AQUÍ TUS PENSAMIENTOS DE MEDITACIÓN

HAY MÁS A FAVOR TUYO QUE EN CONTRA DE TI

La mente se perfila hacia lo que es negativo. Tenemos que entrenarnos para centrarnos en lo positivo. Es por esto que no podemos aislarnos cuando los problemas tocan a nuestra puerta. Tenemos que involucrarnos con los que saben que tienen en su corazón nuestro mejor interés y dejar atrás a los que son negativos. Es un truco del diablo tratar de hacernos creer que estamos solos y que nadie nos entiende. La realidad es todo lo contrario. No hay nada nuevo bajo el sol. No eres la primer persona que pasa por lo que sea que estés pasando, y no serás la última. Y tú tienes más gente a tu lado de lo que crees. Se abierto y busca a esa gente, porque la gente negativa siempre se mostrará por sí misma. De hecho, es posible que estés rodeado de ellas...¡PERO, hay más a favor tuyo que en contra de ti!

CITAS BÍBLICAS PARA MEDITAR

2 Reyes 6:14-16

Y el rey envió allá gente de a caballo, carros y un gran ejército, los cuales llegaron de noche y rodearon la ciudad. Cuando el que servía al hombre de Dios madrugó para partir y salió, he aquí que un ejército tenía cercada la ciudad con gente de a caballo y carros. Entonces su criado le dijo, ¡Ay, señor mío! ¿Qué haremos? Él le respondió, No tengas miedo, porque más son los que están con nosotros que los que están con ellos.

ESCRIBE AQUÍ TUS PENSAMIENTOS DE MEDITACIÓN

ENFRENTA TUS TEMORES

Si quieres tener la victoria sobre tus temores, enfréntalos. Tienes el valor suficiente dentro de ti para no solo enfrentar tus temores, ¡sino vencerlos! Una cosa que he aprendido acerca del temor es que usualmente se asocia con una historia que nos hemos contado a nosotros mismos o a una historia que alguien más nos ha contado, y tenemos que aceptar esa historia. Cuando te tomas el tiempo para enfrentar tus temores y realmente comienzas a descubrir el origen, probablemente encuentres que tus temores son como un cachorrito que ladra muy fuerte, ¡pero que no muerde!

CITAS BÍBLICAS PARA MEDITAR

2 Timoteo 1:7

Porque no nos ha dado Dios un espíritu de cobardía sino de poder, de amor y de dominio propio.

ESCRIBE AQUÍ TUS PENSAMIENTOS DE MEDITACIÓN

ERES UN DISEÑO DIVINO – UN ORIGINAL ÚNICO EN TU CLASE

¿Te has puesto a pensar sobre el hecho de que no existe otra persona en este mundo igual que tú? ¡Nadie tiene tus mismas huellas! ¡Nadie tiene tu personalidad! ¡No existe nadie como tú! ¡Qué impresionante es nuestro Dios! Sabiendo esto, tienes la responsabilidad de vivir tan auténticamente como puedas, aceptando todo de ti. Todos tenemos fortalezas y debilidades, en forma opuesta a formar nuestras fortalezas. Eres un original de diseñador. De hecho, tu Creador es el máximo diseñador y ¡Él SOLO estaba pensando en TI cuando te diseñó!

CITAS BÍBLICAS PARA MEDITAR

Salmos 139:13-16

Porque tú formaste mis entrañas; me entretejiste en el vientre de mi madre. Te doy gracias, porque has hecho maravillas. Maravillosas son tus obras, y mi alma lo sabe muy bien. No fueron encubiertos de ti mis huesos a pesar de que fui hecho en lo oculto y entretejido en lo profundo de la tierra. Tus ojos vieron mi embrión y en tu libro estaba escrito todo aquello que a su tiempo fue formado, sin faltar nada de ello.

ESCRIBE AQUÍ TUS PENSAMIENTOS DE MEDITACIÓN

EL PLAN DE DIOS PARA TU VIDA ES EL MEJOR PLAN

En la vida hacemos muchos planes. Los planes pueden ser realmente buenos, pero a lo largo del camino puede saltar a la vista ¡que no todos los buenos planes serán los mejores planes de Dios para nuestra vida, para lograr el éxito óptimo! ¡Tú quieres estar de por vida en la voluntad de Dios! La mejor forma de conocer cuáles son los planes que Dios tiene para tu vida, es simplemente preguntarle a Él orando. Ya que le hayas preguntado, debes ESCUCHAR LA RESPUESTA. La respuesta puede llegar de varias formas: una voz suave y apacible, a través de otras personas, al estudiar o al leer la Palabra, en una valla publicitaria, etc. ¡Debes tener la intención de comprender el plan ordenado de Dios para TU VIDA!

CITAS BÍBLICAS PARA MEDITAR

Proverbios 16:3

Encomienda al SEÑOR tus obras, y tus pensamientos serán afirmados.

Proverbios 16:9

El corazón del hombre traza su camino, pero el SEÑOR dirige sus pasos.

ESCRIBE AQUÍ TUS PENSAMIENTOS DE MEDITACIÓN

DA GRACIAS

●●●●●●●●●●●●●●●●●●●●●●●●●●●●

En la gratitud hay poder. De hecho, entre más nos enfoquemos en las cosas por las que estamos agradecidos, más enfocamos nuestra energía en aquello que va bien en nuestras vidas. Escribir una lista de algunas cosas por las que estás agradecido definitivamente elevará tu energía y tu enfoque. Sabes que es virtualmente imposible escribir TODAS las cosas por las que estás agradecido. Has olvidado más de lo que puedes recordar. La realidad es que no sólo las cosas grandes de nuestra vida nos recuerdan lo bendecidos que estamos, sino las pequeñas cosas que damos por sentado nos enseñan cuánto nos ama Dios. Estamos respirando algo llamado aire que no podemos ver pero que es la sustancia que nos mantiene vivos. Nos subimos a los aviones con la fe de que despegarán y aterrizarán de acuerdo a su diseño. Todos los días conducimos autos, a pesar de los riesgos asociados con los accidentes de auto. ¡Una y otra vez está a nuestro alrededor la evidencia de la mano poderosa de Dios en nuestras vidas y en las vidas de aquellos que amamos y con quienes estamos conectados! Dar gracias a Dios nos lleva a un espacio de adoración y alabanza, ¡porque Dios es bueno!

CITAS BÍBLICAS PARA MEDITAR

Salmos 30:4

Canten al SEÑOR, ustedes sus fieles; celebren la memoria de su santidad.

Salmos 63:4

Por eso te bendeciré en mi vida y en tu nombre alzaré mis manos.

Salmos 111:1-3

¡Aleluya! Daré gracias al SEÑOR con todo mi corazón en la reunión y en la congregación de los rectos. Grandes son las obras del SEÑOR, buscadas por todos los que se complacen en ellas. Gloria y hermosura es su obra, y su justicia permanece para siempre.

ESCRIBE AQUÍ TUS PENSAMIENTOS DE MEDITACIÓN

ARREPIÉNTETE Y VIVE A LA MANERA DE DIOS

El arrepentimiento es una postura que todos debemos tomar si queremos vivir nuestra mejor vida. El arrepentimiento es una postura que debemos mantener si vamos a vivir nuestra mejor vida y mantener una fuerte conexión con Dios. Vivimos en estos cuerpos que son carne y no hay absolutamente nada bueno dentro de ellos. Es nuestro espíritu el que necesita alimentarse continuamente con la Palabra, de modo que podamos vivir a la manera de Dios. Es el espíritu el que trae bajo sujeción nuestra carne sucia y desagradable. Esto significa que tenemos que enseñar a nuestro espíritu a tener control sobre la carne para vivir a la manera de Dios. Podemos hacerlo, pero necesitamos ser honestos con nosotros mismos, para reprendernos a nosotros mismos (SÍ, ¡HAY VECES CUANDO DEBES REPRENDERTE A TI MISMO!); y darnos la posibilidad de cometer errores y arrepentirse ante un Dios que perdona, ama y desea que vivamos nuestra mejor vida.

CITAS BÍBLICAS PARA MEDITAR

Proverbios 14:12

Hay un camino que al hombre le parece derecho, pero que al final es camino de muerte.

Génesis 4:7

El pecado está a la puerta y te seducirá; pero tú debes enseñorearte de él.

Mateo 3:8

Produzcan, pues, frutos dignos de arrepentimiento.

2 Crónicas 7:14

Si se humilla mi pueblo sobre el cual es invocado mi nombre, si oran y buscan mi rostro y se vuelven de sus malos caminos, entonces yo oiré desde los cielos, perdonaré sus pecados y sanaré su tierra.

ESCRIBE AQUÍ TUS PENSAMIENTOS DE MEDITACIÓN

HAZ DE JESÚS TU SEÑOR

Cuando haces de Jesús tu Señor, tú haces de Él tu prioridad más alta. Sujetas tu voluntad a la de Él. Le das a Él completa autoridad y buscas Su guía y dirección en cada área de tu vida. Esta decisión es altamente importante, ¡ya que Jesús vino al mundo sólo por TI! Tus pecados han sido perdonados; en Jesucristo tienes un ejemplo de cómo vivir tu vida, y lo más importante, JESÚS TE AMA A PESAR DE TI! ¡Esas son buenas noticias!

Así que si no has tomado hoy esta decisión para tu vida, este es un buen momento para pedirle a Jesús que sea el Señor de tu vida. Comenzar una relación personal con Jesús es tan simple como esto... Repite... "Jesús, te confieso que soy un pecador. Creo que tú eres el Hijo de Dios. Te confieso que te necesito en mi vida y te acepto a Ti como el Señor de mi vida". ¡Bienvenido a la Familia de Dios!

CITAS BÍBLICAS PARA MEDITAR

Juan 3:16

Porque de tal manera amó Dios al mundo, que ha dado a su Hijo unigénito para que todo aquel que en él cree no se pierda mas tenga vida eterna.

Mateo 22:37

Jesús le dijo, "Amarás al Señor tu Dios con todo tu corazón y con toda tu alma y con toda tu mente".

Hechos 16:31

Ellos dijeron, "Cree en el Señor Jesús y serás salvo, tú y tu casa".

Romanos 10:9

Que si confiesas con tu boca que Jesús es el Señor y si crees en tu corazón que Dios lo levantó de entre los muertos, serás salvo.

ESCRIBE AQUÍ TUS PENSAMIENTOS DE MEDITACIÓN

CONFÍA EN TUS DIFICULTADES

Cada uno de nosotros tenemos muchas dificultades en nuestra vida, pero se nos recuerda que nuestras dificultades tienen un propósito. Tenemos que desarrollar nuestra confianza en Dios, de modo que podamos aceptar el hecho de que Él no permite que sucedan dificultades en nuestra vida para desmoronarnos. No, es todo lo contrario. Él permite las dificultades para fortalecernos. Cuando atravesamos y superamos nuestras dificultades, tenemos fe y momentos culminantes sagrados en nuestras vidas para compartir con los demás y alentarles. Es importante confiar en nuestras dificultades para enseñarte la lección diseñada para ello. Más importante aún, es importante entender la lección, siempre mantener la perspectiva correcta (una positiva), ya que las dificultades no duran por siempre.

Hay un viejo adagio que dice, "Los problemas no duran por siempre". ¿Y sabes qué? "ES VERDAD... LOS PROBLEMAS NO DURAN POR SIEMPRE".

CITAS BÍBLICAS PARA MEDITAR

Santiago 1:2-4

Hermanos míos, tengan por sumo gozo cuando se encuentren en diversas pruebas sabiendo que la prueba de su fe produce paciencia. Pero que la paciencia tenga su obra completa para que sean completos y cabales, no quedando atrás en nada.

ESCRIBE AQUÍ TUS PENSAMIENTOS DE MEDITACIÓN

FE FERVIENTE

● ●

La fe es lo que nos va a alimentar durante esos días últimos y malos. Hay tanto mal y degradación alrededor nuestro, ¡pero la fe no se compromete ni se disuade fácilmente! La Fe Ferviente es "fe en esteroides". Esta clase de fe enfrenta a la vida con gusto: con entusiasmo y con un espíritu de victoria. Obtienes este tipo de Fe Ferviente al usar la retrospectiva de las situaciones por las que Dios te ha pasado como si fuesen bloques de construcción o escalones ¡para pasar encima de los obstáculos hoy!

Este tipo de fe dice, "¡Si Él lo hizo antes, DE SEGURO PUEDE HACERLO OTRA VEZ!" Esta fe nos dice, "Con Dios, ¡siempre seré victorioso!"

CITAS BÍBLICAS PARA MEDITAR

Hebreos 11:1-2

La fe es la constancia de las cosas que se esperan, la comprobación de los hechos que no se ven. Por ella recibieron buen testimonio los antiguos.

ESCRIBE AQUÍ TUS PENSAMIENTOS DE MEDITACIÓN

REGOCÍJATE EN SUS MANERAS

Llega un momento en que la vida de cada creyente en que entiende que si quiere ser exitoso, su voluntad debe alinearse por completo a la Voluntad de Dios. El mundo quiere hacerte creer que debes hacerlo a TU MANERA, porque tú eres el dueño de tu propio destino. Esto lo vemos en la cultura que vivimos hoy. Tantas personas están haciendo su vida bajo sus propios términos. Y la realidad es que las cosas a nuestro alrededor están peor de lo que nunca han estado. ¿Podría ser que hacer la vida bajo los propios términos de cada quien nos conducirá a la destrucción?

Te aliento a regocijarte en un Dios Grandioso, Fuerte y Poderoso. Un Dios que TE AMA y que en su corazón tiene TU MEJOR INTERÉS del por qué incluso fuiste creado en primer lugar!

CITAS BÍBLICAS PARA MEDITAR

Salmos 112:1-4

¡Aleluya! Bienaventurado el hombre que teme al SEÑOR y en sus mandamientos se deleita en gran manera. Su descendencia será poderosa en la tierra; la generación de los rectos será bendita. Bienes y riquezas hay en su casa; su justicia permanece para siempre. En las tinieblas resplandece la luz para los rectos; él es clemente, misericordioso y justo.

Proverbios 11:20

Abominación le son al SEÑOR los perversos de corazón, pero los íntegros de camino le son agradables.

ESCRIBE AQUÍ TUS PENSAMIENTOS DE MEDITACIÓN

¡ENALTÉCELO!

¡Estamos encomendados a enaltecer al Señor! Lo enaltecemos porque Él se merece ser alabado. Es en este acto de obediencia en el que adquirimos fortaleza para continuar en un mundo que busca devorar el bien. Enaltecer a Dios lo hace más grande que las fuerzas que trabajan para derrotarnos y venir contra nosotros. Lo enaltecemos porque trae paz y calma a lo que puede ser un mundo lleno de ansiedad y preocupaciones.

Enaltecer a Dios nos mantiene sanos y estables. ¡Por qué no lo intentas ahora mismo! Deja este libro, abre tu boca y dile lo mucho que lo amas, adóralo, aprécialo y dale las gracias. Tú y yo sabemos que las cosas podrían ser mucho peores en nuestras vidas. ¡Alábalo! ¡Elévalo! ¡Enaltécelo!

CITAS BÍBLICAS PARA MEDITAR

Salmos 108:1-5

Mi corazón está firme, oh Dios; cantaré y entonaré salmos aun con mi alma. ¡Despierten, oh arpa y lira! Despertaré al alba. Te alabaré entre los pueblos, oh SEÑOR; a ti cantaré salmos entre las naciones. Porque grande, más que los cielos, es tu misericordia; y hasta las nubes, tu verdad. ¡Seas exaltado sobre los cielos, oh Dios; y sobre toda la tierra, tu gloria!

ESCRIBE AQUÍ TUS PENSAMIENTOS DE MEDITACIÓN

POR TI, DIOS LOS SALVARÁ

Siendo la madre de tres hijos, ciertamente sé que es estar preocupada por ellos y las decisiones que toman. Los tiempos han cambiado y un mal movimiento puede cambiar el curso de sus vidas. Sin embargo, descubrí la siguiente cita bíblica para meditar, ¡y esta cambió el curso de mi vida!

Conforme oraba y estudiaba, buscando consuelo y una Palabra de Dios relacionada con la situación de mi hijo mayor, me encontré con Job 22:30. Esta cita bíblica alentó mi corazón y me recordó que mi vida y las vidas de mis hijos y otros miembros de la familia para el caso, estaban indisolublemente entrelazadas. Me dio la certeza que las personas que amaba serían salvadas gracias a mi vida y a mi relación con Dios. Ahora, esto no quiere decir que nuestros miembros de la familia puedan usar nuestras vidas por siempre. En algún punto, ellos deben entablar una relación con Dios por sí mismos. Pero, hasta entonces, permaneceré viviendo y sirviendo a Dios con todo lo que tengo, porque sé que esta relación con Dios es importante para mi propia vida, ¡y la vida de aquellos a los que amo! ¿Por qué no te unes a mí? Nunca es tarde para hacer un cambio en tu vida para salvar a otros. De hecho, ¡Dios desea que todos seamos salvados!

CITAS BÍBLICAS PARA MEDITAR

Job 22:30

Librará al inocente; escapará por causa de la limpieza de tus manos.

Juan 3:16

Porque de tal manera amó Dios al mundo, que ha dado a su Hijo unigénito para que todo aquel que en él cree no se pierda mas tenga vida eterna.

ESCRIBE AQUÍ TUS PENSAMIENTOS DE MEDITACIÓN

EL PODER DE TU TESTIMONIO

Todos hemos sufrido pruebas y tribulaciones. De hecho, son estas pruebas y tribulaciones las que han contribuido a que cada uno de nosotros se convierta en las personas fenomenales que hemos llegado a ser. Cada dificultad que superamos se convierte en un testimonio. Como ha sido definido en la web, un testimonio es "la evidencia en apoyo de un hecho o declaración; prueba de algo". ¡La única prueba de tu testimonio y el mío es que TODAVÍA ESTAMOS AQUÍ! ¡Otra prueba es que Dios nos ha hecho pasar por ellas! Y la lista puede continuar y continuar. ¡Debes compartir tu testimonio para alentar y empoderar a otra persona!

CITAS BÍBLICAS PARA MEDITAR

Apocalipsis 12:11

Y ellos lo han vencido por causa de la sangre del Cordero y de la palabra del testimonio de ellos, porque no amaron sus vidas hasta la muerte.

ESCRIBE AQUÍ TUS PENSAMIENTOS DE MEDITACIÓN

DIOS SATISFARÁ TUS NECESIDADES

Al paso de los años he aprendido que muchos Cristianos dicen que confían en Dios, ¡hasta que se trata de sus compañeros y de su dinero! Aunque muchos Cristianos profesan entender el principio de sembrar y cosechar, la prueba se muestra en sí misma muy convincente. Hay un espíritu abrumador de "Tengo que ver por mí, por mi mismo y yo", contra un espíritu de "Dios cuidará de mí".

Este concepto en donde uno no confía completamente en Dios con los compañeros y el dinero demuestra las palabras que hemos elegido para estas áreas de nuestras vidas. Así como Él sanó tu cuerpo, Él puede satisfacer tus necesidades económicas. Él se preocupa por CADA UNA de las áreas de nuestras vidas. Y seguramente Él, podrá traer a nuestras vidas ¡a la persona correcta en el momento correcto!

Él otorga dones y talentos dentro de ti para ayudarte a satisfacer tus necesidades. Ya tienes dentro de ti todo lo que necesitas para sobrevivir. Deja de aterrarte, respira profundamente y confía en que Dios te dará un plan que satisfaga cada necesidad en tu vida. ¡PON MANOS A LA OBRA!

CITAS BÍBLICAS PARA MEDITAR

Filipenses 4:19

Mi Dios, pues, suplirá toda necesidad de ustedes conforme a sus riquezas en gloria en Cristo Jesús.

Hebreos 4:16

Acerquémonos, pues, con confianza al trono de la gracia para que alcancemos misericordia y hallemos gracia para el oportuno socorro.

ESCRIBE AQUÍ TUS PENSAMIENTOS DE MEDITACIÓN

DIOS TE HA TRAÍDO DESDE UN LARGO Y PODEROSO CAMINO

Hay un viejo himno de la iglesia con un estribillo popular, "Me trajiste desde un largo y poderoso camino". Es sorprendente cómo la energía fluye en un Servicio cuando en forma colectiva muchos en la congregación miran en retrospectiva sus vidas con admiración y gratitud. La vida se ha presentado a todos con giros y vueltas, pero la superación de éstos construye la fortaleza interior, un espíritu resistente y un corazón agradecido. Cuando te tomas el tiempo para evaluar tu vida y ver cómo Dios te ha bendecido, tú también vas a cantar el himno con energía, entusiasmo y un corazón elevado hacia Dios quien tiene un gran plan para tu vida.

CITAS BÍBLICAS PARA MEDITAR

Romanos 8:28

Y sabemos que Dios hace que todas las cosas ayuden para bien a los que lo aman; esto es, a los que son llamados conforme a su propósito.

Jeremías 29:11

Pues yo sé los planes que tengo para ustedes —dice el Señor—. Son planes para lo bueno y no para lo malo, para darles un futuro y una esperanza.

ESCRIBE AQUÍ TUS PENSAMIENTOS DE MEDITACIÓN

CORRIGE TU MENTE Y MANTENLA CORRECTA

La mente es la computadora más poderosa en el planeta. Dios la diseñó en esa forma. Y como cualquier otra computadora, la mente es frágil y sensible. Tiene que manejarse con cuidado y debe ser alimentada con material bueno y positivo. Si no, un virus infectará la mente y le causará problemas. Los problemas se manifestarán como toma de decisiones sesgadas y procesos de pensamiento irracionales, por mencionar algunos.

Nuestras mentes deben alimentarse con información positiva. Esta acción debe ser intencional, ya que nuestros pensamientos eventualmente se convertirán en nuestro comportamiento. Corrige tu mente estudiando Y aplicando la Palabra de Dios, rodéate de personas que puedan controlarte y darte un buen consejo, de acuerdo con Dios. También es importante que cuides de tu cuerpo con una alimentación, ejercicio y descanso adecuado.

CITAS BÍBLICAS PARA MEDITAR

Proverbios 23:7a

Porque cual es su pensamiento en su mente, tal es él.

Filipenses 2:5

Haya en ustedes esta manera de pensar que hubo también en Cristo Jesús.

Proverbios 24:6

Porque con estrategia harás la guerra, y en los muchos consejeros está la victoria.

ESCRIBE AQUÍ TUS PENSAMIENTOS DE MEDITACIÓN

¡TU LIBERTAD HA SIDO PAGADA!

Hay un precio que pagar por la libertad. Se han peleado guerras por la libertad. Las personas han muerto para ganar su libertad. Todos debemos elegir la libertad para nuestra vida. Hay muchas, muchas personas que están cómodas y se desarrollan mientras permanecen esclavas de sus formas y caprichos. Pero tu libertad ya ha sido pagada. Dios NO TE CREO para que seas esclavo de otro ser humano. Estamos aquí para servir a Aquel que pagó por todos nosotros, para que podamos compartir las buenas nuevas de que Él murió para hacernos a todos iguales. ¡Camina en tu libertad con confianza, poder y convicción!

CITAS BÍBLICAS PARA MEDITAR

Juan 8:36

Así que, si el Hijo los hace libres, serán verdaderamente libres.

1 Corintios 7:21-23

¿Fuiste llamado siendo esclavo? No te preocupes; pero si puedes hacerte libre, por supuesto procúralo. Porque el que en el Señor es llamado siendo esclavo, es hombre libre del Señor. De igual manera, también el que es llamado siendo libre, es esclavo del Señor. Por precio fueron comprados; no se hagan esclavos de los hombres.

ESCRIBE AQUÍ TUS PENSAMIENTOS DE MEDITACIÓN

ÁMALOS DE TODOS MODOS

Algunas personas en nuestra vida realmente no merecen nuestro amor. Han traicionado nuestra confianza; abusado de nuestra bondad; nos han dado la espalda, hablado de nosotros y la lista continua. Pero es importante hacer notar que hemos hecho esas mismas cosas al gran Dios que nos creó, nos dio la vida y continúa bendiciéndonos. A pesar de todo lo que hemos hecho, Dios nos ama. Su amor cubre nuestros pecados. Su amor cubre nuestras transgresiones y nuestras fallas. Dios utiliza Su relación con nosotros como ejemplo de cómo debemos tratar a otros, especialmente cuando sentimos que su comportamiento es incorrecto o injustificado. ¡Ámalos de todos modos!

CITAS BÍBLICAS PARA MEDITAR

Juan 3:16
Porque de tal manera amó Dios al mundo, que ha dado a su Hijo unigénito para que todo aquel que en él cree no se pierda mas tenga vida eterna.

Proverbios 10:12
El odio despierta contiendas, pero el amor cubre todas las faltas.

1 Pedro 4:8
Sobre todo, tengan entre ustedes un ferviente amor, porque el amor cubre una multitud de pecados.

ESCRIBE AQUÍ TUS PENSAMIENTOS DE MEDITACIÓN

CONOCE TU VALOR Y TU VALÍA

Cualquier cosa de valor es manejada en cierta forma o de una manera en particular. El dueño de ese artículo valioso les enseña a los demás cómo manejar y responder al artículo. Los joyeros de joyas costosas mantienen las piezas más exquisitas en una caja fuerte en la trastienda. Las piezas exquisitas no se manejan seguido ni en forma inapropiada. Los autos costosos se mandan a hacer por pedido. La ropa costosa no se hace por lotes. Un penthouse requiere un código de acceso para entrar. Ahora ya te diste una idea.

¡Tú eres una creación exquisita! Eres único en tu clase, pero debes aceptar ese hecho sobre ti. Cuando lo entiendas, SIEMPRE revisarás con tu creador cada aspecto de tu vida. No permitas que otros abusen de ti, que hagan mal uso de ti o te traten mal. No, al igual que los propietarios de los objetos antes mencionados, debes enseñarle a las personas cómo deben tratarte. Las personas toman el ejemplo de ti. Y tú debes tomar tu ejemplo de tu creador.

CITAS BÍBLICAS PARA MEDITAR

Salmos 139:13-15

Porque tú formaste mis entrañas; me entretejiste en el vientre de mi madre. Te doy gracias, porque has hecho maravillas. Maravillosas son tus obras, y mi alma lo sabe muy bien. No fueron encubiertos de ti mis huesos a pesar de que fui hecho en lo oculto y entretejido en lo profundo de la tierra.

ESCRIBE AQUÍ TUS PENSAMIENTOS DE MEDITACIÓN

CONCLUSIÓN

● ●

¡Qué increíble! Es difícil creer que nuestro tiempo juntos ha llegado a su fin. Rezo porque tu corazón se haya comprometido, tu espíritu se haya elevado, y tu vida esté impactada en una forma estupenda. Siempre ha sido mi intención compartir la Palabra de Dios en todo lo que hago — lo que escribo, lo que predico, mis relaciones con los demás y lo más importante, mi vida. Tengo confianza en que fui enviada a la tierra para un tiempo como este, soy una voz de aliento para aquellos que necesitan esperanza en esta hora. Si este libro ha sido una bendición para ti, comparte el impacto con tu familia y amigos. Compártelo en tus plataformas de medios sociales. Y bendice a alguien más con su propia copia personal de Meditaciones Matinales.

De nacimiento, soy una alentadora natural, y se que este no es un don para ser tomado a la ligera, ni para darlo por sentando. Estoy agradecida con Dios por CONFIAR EN MI con la oportunidad de ¡ALENTAR AL MARAVILLOSO Y FENOMENAL TÚ!

IMPACTO DE LA PALABRA

Las Meditaciones Matinales escritas por Elder Nicole S. Mason son frutos espirituales de los que me alimento durante la semana. Son palabras de inspiración y aliento que me mantienen en pie toda la semana. El sermón del domingo comienza mi semana y las Meditaciones Matinales me dan las palabras diarias de inspiración que me mantienen cada día, hasta el próximo sermón del siguiente domingo. Las Meditaciones Matinales parecen hablarme siempre en lo personal. Le doy gracias a Dios por la sabiduría inspiradora a través de Elder Nicole.

Anita T. Allen

Las Meditaciones Matinales de Elder Nicole Sherron Mason son poderosas e inspiradoras. No importa quien seas, todos necesitamos aliento, fuerza y esperanza para manejar las circunstancias de la vida. Las Meditaciones Matinales han impactado mi vida en una forma tan asombrosa sabiendo que Dios me ha elegido con el propósito de declarar Sus alabanzas ¡y decirle al mundo lo asombroso que es Él! Estoy muy agradecida por la forma en que Dios utiliza a Elder Nicole como una boquilla para hablar de la vida en cada situación. Al reflexionar sobre las Meditaciones Matinales, ellas erradican la duda, el miedo y la ansiedad y proporcionan confort, valor y confianza. También aumentan mi fe. Además, las Meditaciones Matinales me ayudan a ser firme y obediente según la Palabra de Dios, a diario me examino a mí misma para ser mejor, y para aumentar mi madurez espiritual. Todos experimentamos problemas de la vida real, pero tenemos un Dios que nos sostiene en cada área necesaria de nuestras vidas, cuando confiamos y creemos en su Palabra.

Debbie A. Andrews

Elder Nicole, ¡muchas gracias por tus Meditaciones Matinales! Son extremadamente útiles y relevantes para nuestros problemas y tribulaciones diarias. Las conexiones que realizas entre las cuestiones carnales y la Palabra de Dios son claras. También das testimonios personales e informes de alabanza. El gran amor que Dios tiene por nosotros se refleja realmente en tu escritura. Dios bendiga a tu familia y a ti por el tiempo desinteresado que dedicas a la preparación y compartición con otros de las Buenas Nuevas.

Diaconisa Sabrina Taylor-Alston

Por muchos años he seguido el ministerio de Elder Nicole y siempre ha sido alentadora en mi fe a través de su honestidad y transparencia; verdaderamente Dios la utiliza en formas profundas para alentar a Su gente. Ahora tengo la oportunidad de leer sus Meditaciones Matinales, y continúo estando sorprendida de cómo habla Dios a través de su ministerio en justo lo que necesito. Sus Meditaciones Matinales son edificantes y poderosas y me ayudan a estar más cerca de Dios y más lejos de las preocupaciones de este mundo. Mi mensaje a los demás es que si desean encontrar soluciones piadosas a sus problemas y alimento espiritual para su camino, a continuación, háganse un favor y sigan sus Meditaciones Matinales basadas en la Biblia e inspiradas divinamente.

Kathy Mitchell

¡Siempre es bueno escuchar de ti! Personalmente disfruto leer y escuchar las Meditaciones Matinales, porque algunas mañanas son una confirmación, otras, realmente me dan en qué pensar. Y me gusta ser desafiada de esa manera. Valoro mucho la forma en que Dios te está usando para ayudarnos y guiando para acercarse a Él y darle un pinchazo a nuestros corazones para hacerle a Dios las preguntas difíciles. ¡En estos tiempos, ¡necesitamos saber quién está hablando con nosotros! Gracias por ayudarnos a llegar al siguiente nivel. Oro por bendiciones de Dios sobre tu vida.

Ministra Pamela Carter

Desde que conocí a Elder Nicole como compañera de trabajo en 1996, he estado inspirada por su pasión y autenticidad. Ella era seguidora de Cristo sin vergüenza y una animadora de la causa de Cristo. La conocí primero en sus escritos a través del Boletín SISTERGRAM y he disfrutado después de su ministerio a través de los años. Las Meditaciones Matinales son una verdadera bendición. Proporcionan inspiración, aliento y esperanza. Las Meditaciones Matinales tienen una forma de conectarte con un "Dios-espacio" que te impulsa en tu día con la garantía de poder y victoria sin importar las circunstancias. Soy fan de las Meditaciones Matinales y, a menudo las comparto y utilizo como un tema de discusión con los demás.

Primera Dama Terry Henson

ENTRA EN CONTACTO CON NICOLE

• •

P.O. Box 29427

Washington, DC 20017

240-343-4742

www.nicolesmason.com

FB: Nicole. Sherron.Mason

Twitter: @nicolesmason

Instagram: nicolesmason

LinkedIn: Nicole Sherron Mason

Printed in the United States
By Bookmasters